Cosas que me gustan de
Mí

Trace Moroney

Me gusta mucho ser yo,
y estas son las cosas
que más me gustan de mí:

me
gustan
mis
dedos,

me gustan mis pies,

me gustan mis orejas,

me gusta
mi nariz.

Y, sobre todo,
me gusta mi
gran sonrisa.

Me gusta estar contento y sonreír
porque eso hace que los demás
estén contentos y sonrían.

Hay muchas cosas que me gusta hacer
y que se me dan bien:

dibujar,

jugar al baloncesto,

ir en monopatín,

leer,

ser un
buen amigo,

hacer
castillos
de arena.

Y se me da especialmente bien
ser amable, educado y cariñoso.
Al ser amable con los demás,
me siento bien conmigo mismo.

Me gusta mucho cómo soy
y eso me ayuda
a estar más seguro de mí mismo
y a saber elegir.

Pero si tengo un problema o necesito ayuda,
pido a alguien que me eche una mano.

Me gusta imaginar
qué seré de mayor.

Quizá sea granjero,

o astronauta,

o payaso.

Pero lo más importante
es que siga gustándome
ser como soy.

Nadie en el mundo
es mejor que yo
en ser **yo.**

Me gusta ser como soy.

NOTA PARA LOS PADRES

La colección **Cosas que me gustan de** muestra ejemplos sencillos de situaciones cotidianas de los niños para, a partir de ellos, generar un pensamiento positivo.

Tener una actitud positiva es, simplemente, ser optimista por naturaleza y mantener un buen estado de ánimo. Pero ser positivo no significa no ser realista. Las personas positivas reconocen que las cosas malas pueden ocurrir tanto a personas optimistas como pesimistas; sin embargo, las personas positivas buscan siempre la mejor manera posible de resolver problemas.

Los investigadores de la psicología positiva han comprobado que las personas con actitud positiva son más creativas, tolerantes, generosas, constructivas y abiertas a nuevas ideas y experiencias que aquellas con una actitud negativa. Las personas positivas tienen relaciones personales más satisfactorias y una mayor capacidad para el amor y la alegría. Además, son más alegres, sanas y longevas.

En este libro he usado muchas veces la palabra *gustar*, ya que es una palabra simple pero poderosa que se usa para enfatizar nuestro pensamiento positivo sobre las personas, cosas, situaciones y experiencias. Creo que es la palabra que mejor describe el *sentimiento* de vivir de manera optimista y positiva.

YO

La autoestima es un concepto complicado de explicar a un niño ya que, a menudo, se identifica y relaciona erróneamente con la connotación negativa de *tener un gran ego* y creer que uno es mejor que los demás.

La autoestima significa (en mi opinión) tener el valor de ser total y auténticamente uno mismo.

Conocerse bien a uno mismo y tener la habilidad de reconocer y usar las fortalezas y virtudes personales es algo que se consigue con la edad y la experiencia. Si ayudas a tu hijo a que aprenda a manejar sus sentimientos, le estarás ayudando a que desarrolle y afiance su autoestima y seguridad en sí mismo, así como su pensamiento positivo, cimentando una base emocional fuerte y sana.

Una persona que se siente bien consigo misma es más tolerante con ella misma y con los demás; se libera de limitaciones autoimpuestas y prejuicios, mantiene un estado de calma y satisfacción y está más abierta a recibir el amor de otros.

Trace Moroney

♥

Trace Moroney es una autora e ilustradora de éxito internacional.
Se han vendido más de tres millones de ejemplares de sus libros,
traducidos a quince idiomas.

Título original: *The Things I Love about Me*
Primera edición: mayo de 2011
Dirección editorial: María Castillo
Coordinación editorial: Teresa Tellechea
Traducción del inglés: Teresa Tellechea
Publicado por primera vez en 2009 por The Five Mile Press Pty Ltd
1 Centre Road, Victoria 3179, Australia
© del texto y de las ilustraciones: Trace Moroney, 2009
The Five Mile Press Pty Ltd, 2009
© Ediciones SM, 2011
Impresores, 2 - Urbanización Prado del Espino
28660 Boadilla del Monte (Madrid)
www.grupo-sm.com

Atención al Cliente
Tel.: 902 121 323
Fax: 902 241 222
clientes@grupo-sm.com

ISBN: 978-84-675-4505-0
Impreso en China / *Printed in China*